一字・心澄
羅乃萱
U0938285
心靈地圖

目錄

自序

這是個吵鬧的城市，每天聽到不同的聲音，迴異的表態。

於是，生了一種渴求。很想，很想，讀到一些簡潔的文句。讀讀想想，讓心靈有一個恬靜的空間。

於是，想想，不如付諸行動。開始在書寫中學習減刪。幾千字變成五百，五百變成十句，十句化為一字。

每天，在臉書中寫下對一個字的詮釋體會。因為相信，一個字簡簡單單，也能說話。

今天，看見這些字成了書，配上了如此簡美的圖案，心中欣喜。這一本到底是什麼書？我的定義則是：

這不是字典，而是讓心安歇後的自說字話。

這不是道理，而是心歸澄明後過濾出來的反思。

寫着讀着，愈來愈覺得一字其實不淺。要參透，窮一生也只學點皮毛。其實，這本書旨在拋磚引玉，拋一字引來更多心境澄明的自省。希望你喜歡！

羅乃萱

亮·美善

（衷情）

福

懂得溫柔清心、使人和睦、憐恤人的人，都是有福的。

真正的福，不是長壽，而是在生活中敬畏神而來的福氣。

這世代，人人都愛被祝福，更愛享福。只不過要取之有道。

最不喜歡只是「發福」而已。

美

美，可以化妝，也可以美圖秀秀。
但讓人印象深刻的美，是源自心底的良善。
就讓追求美善，成為心底的渴求。
我們就可以一天比一天，更美。

禮

基本待人之道，也是尊重的實踐。

人家說免禮是覺得熟不拘禮，是客氣。

我們自行免禮，就是不懂客氣。

禮，可免。但不尊重，沒禮貌，終究自食其果。

善

心存善良，乃人性。
只是人心難測，善良變成好欺。
為怕受欺，就埋沒良善，
變得居心叵測，也不是辦法。
如何能純良如鴿，靈巧像蛇，
善良得來有智慧，
且露出光芒，旨在引領人來那真光，
這是需要一生參透的課題。

優

人望高處，追求優等。
想要買到優質，得到優等，
就是要「最好」的。

但真正的優，
不是單看見自己的優勢。
而是看見並欣賞別人的優越，
懂得一同為彼此鼓掌。

謙

明白自己所知有限，所看有限，並樂意聽別人意見與批評。

所謂「自謙」，是別人「說」的。如果出自我們的口，就離驕傲不遠。

謙，在態度，在嘴臉。旁人看得出的，扮不來的。

真

一個早被遺忘的字，但不代表不存在。

真情、真愛、真心、真理，仍然是人心所趨所嚮往的。總相信，全心尋找的，就會尋見。

一個人最可悲，就是失真。

以前，是個褒詞，現在，已不流行。
忠心耿耿代表的可能是原地踏步。

即使如此，對婚姻的忠誠，
仍是需要執著持守。
守住「忠」字，做人才能有始有終。

耐

人有耐性，
就能安然面對生命中那些不按理出牌的事情。
因為明白眼前的並非終局，好戲還在後頭。

耐性是沒有速成班的。
要常常練習，天天被提醒。
到有一天，遇事淡定不慌，
就知道學懂了點皮毛。

乖

父母總想孩子「乖」，就是聽話。
但長大後孩子有孩子的想法，就變成「不乖」。

孩子乖巧伶俐，當然好。
賣「口乖」，卻是另一回事。
最理想的乖，
是從心敬畏上主，不走歪路。

頑

頑皮是小孩的天真本性，長大就失去了。
如果仍有的話，就是可愛的佻皮。

人長大仍保持頑皮好玩，好！
但若變成冥頑不靈，就不妙了！

位

宴席開會上座位排位都很重要，
體現優次親疏。
但若知道自己真正的位置，則可以懶理人家怎排。

但要秉持的，是做事要到位。
做人，不用太出位。
準備好了，就要趕快就位。

發

這字充斥着人的渴望，從發生發現，
至發財發旺，都是。
但慾望得着滿足的同時，
可能會一發不可收拾。

所以要學：
在沮喪時要「發」奮圖強，
多讀「發」人深省書本，
將信念「發」揚光大……

盡

「用在己身，可以。但小心過度，成了吹毛求疵。
用在對人，說話做事過盡，就會過火踐踏。
還是留點空間好。

凡事盡力就是，
長大了更明白「一分綿力」也好，別強求。」

貴

穿名牌，不一定開心。
貴，裝扮的只是外表。
但一個人的尊貴，卻是從內心發出的。
可貴，是因我們按着神的形像所做。
而且金錢買不到的，最可貴。如人之相知。

飄

這個字，看似瀟灑，卻非人人能承受。
沒有根就會隨風飄蕩，飄泊無定所。
人沒有方向，更會飄忽不定。
能臻至飄逸的境界，當然好。
否則，還是穩打穩紮的打好人生根基吧。

散

散，看似逍遙，散發魅力……
其實是心無定處。
移民潮來，家人四散。
做人沒目的，變得懶散。
工作不予重用，就是投閒置散。
無論哪種境界，最重要的是
人生散場時，問心無愧。

勤

曾經相信，勤有功。如今看見，Hea 有益。
勤力反而被人說成博取，問題是在背後的心態。
對得住自己的勤，是盡本分，是用心去做。
功勞的評價，由主定吧。
至於別人怎看，是別人的事。

勤，是辛苦的，很花力氣，
延伸下去就是刻苦打拚。
父母想孩子從小就懂，孩子卻似懂非懂。

學懂這個字，需要榜樣。
實踐這個字，需要目標與夢想。

衷情

濃・深情

（鍾情）

情

很難量度，但深淺自知。

弔詭的是，情深不一定蒙愛，更多時是招損。

所以怎樣用情是一大學問，卻乏人問津。

情的要求很多，要深情又要專一。願者委身。

將感情視作遊戲玩弄，早晚玩殘自己。

柔

一種力量，看不見，摸不着，但感覺得到。
用來對付怒氣沖天的人，最有效。
似水柔情，能讓剛硬的心融化。
溫柔的回應，能抵擋突如其來的挑釁。
懂得謙卑的人，最懂溫柔。
與溫柔的人共處，最幸福。

誠

這個字打開了人與人之間的隔閡，
讓心與心相通。
有誠意，事情就易成就。
誠心祈求，所願就多達成。
真誠所至，鐵石心腸都會被打動。

惜

經歷過「失」的人，最懂這個字。
惜花，惜身，很多人都懂。
憐惜之心，更是冷酷世代所渴求的。

但最難面對的是：
你珍惜人時，人卻不懂珍惜你。

諒

諒，有信之意。諒你，就是看你料你。
一提到諒解原諒，多覺得是吃虧便宜了對方。
其實，懂得體諒，是一種釋放。
而釋放的，不是別人，是自己。

深

總認為「深」，就是好。

所以期望孩子學深一點，凡事想深一層，做人要有深度。

但資質有限，「深」不來明不了，就求「深入淺出」。

不過最怕的，是將「深情」投放在錯的對象。

真感情的表達，被視為懦弱的標記。所以被禁止，甚至被嘲笑。

至領略悲從中來，淚崩難過的哀傷，始明白淚的可貴。

想哭，就哭吧！是一種難得的自由。

懂得為別人流淚，更是一種可貴的情操。

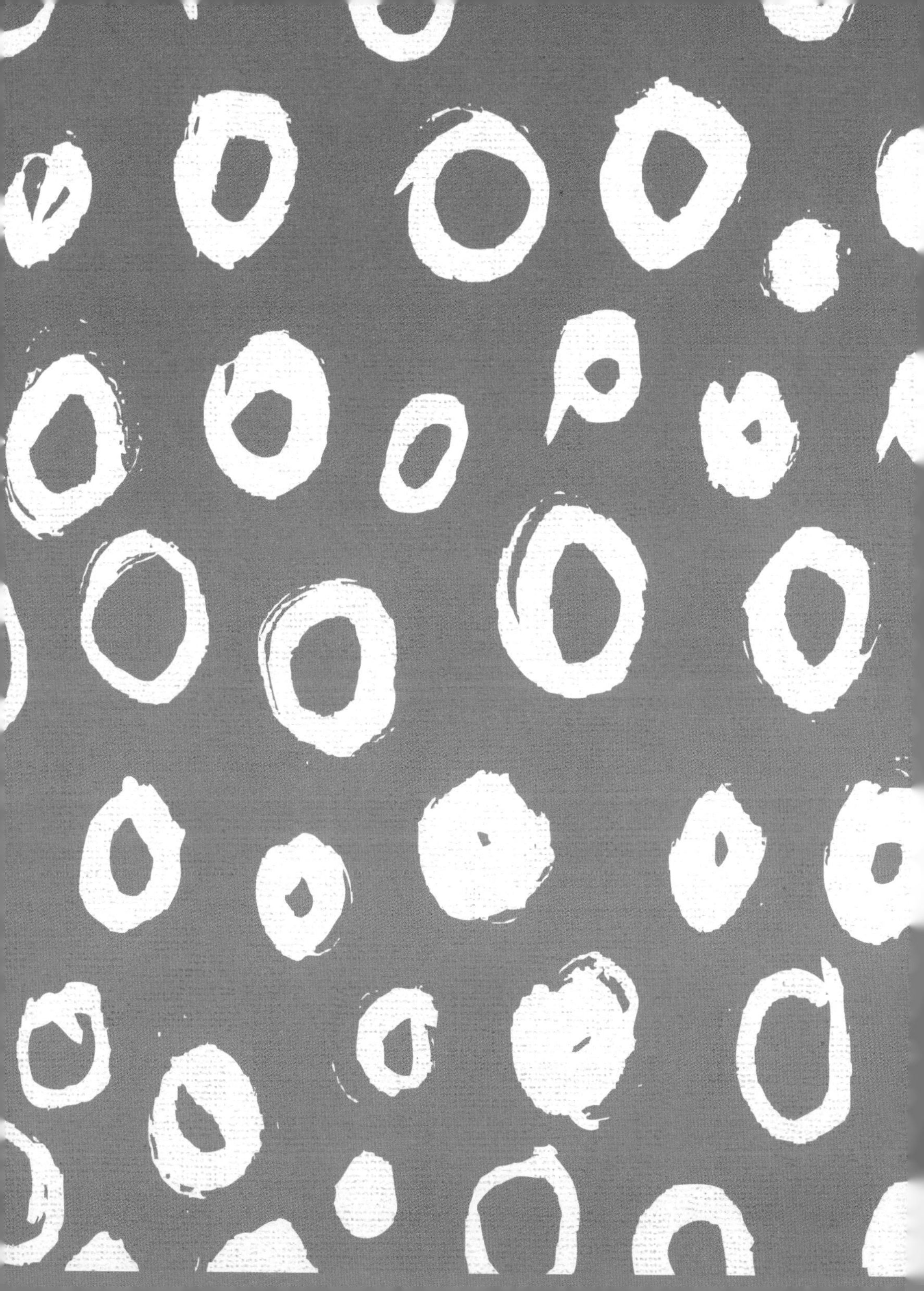

餘

「是一個祝福別人的字，人人都想「有餘」。但生活上能做到，卻是要有計劃約束，不隨便花費才能實踐。

想幫人的時候，更會「心有餘而力不足」。

但最最要學習的，就是對人對事要留有「餘地」。」

滿

貼在米缸上的字，也是人心底所擁有的渴望。只是，愈想擁有卻愈難擁有，擁有一次更想要第二次，滿分滿意滿足……都得來不易。

惟弔詭的是，當我們愈來愈不追求「滿」，不覺得「滿」是理所當然，才體會真正讓我們「心滿意足」的是什麼。

一

「很多人的追求目標，想做唯一，獨一。

但可惜這個位置通常只容得下一人。

所以追求的人多，失望的人更多。

不過，一生一世的婚姻承諾，卻是這世代最需要的，竟輕率地被遺忘了。」

雙

有人見到這個字，很羨慕。
也有人見到，會很心酸。
特別是看見別人成雙成對比翼雙飛，
自己形單隻影，就更不是味道。

人更盼望孩子（或未來配偶）能才貌雙全，
甚至舉世無雙，未來好事成雙。
即或什麼都不是，也別「雙失」啊！

初

開始也。

初，標誌着熱誠期待，熱切投入……

只是敵不過年日，就會失去初心，改變初衷。

怎變都好，讓我們重新尋回，

人之初的「善」。

用來估計的，叫「約數」。
心裏有數，是「大約」。
身心感覺被綁，是「約束」。
與所愛的人見面，是「約會」。
不能輕忽對待的，是「約定」。
特別是「婚約」，絕非一紙簽名，
而是在人在神面前情投意合的盟誓。

滿以為自由自在就是沒有約束。
但恆久的愛卻是一份承諾與約定。

鍾情

透·自省

（心情）

歲

讓人看清年日，懂數算日子的一個字。
大了一歲，該成熟懂事明理一點，
還是自我感情用事蠻不講理呢？
自省吧！

慣

建立好習慣，一生受用。

但面對改變，用慣性作藉口，容易變成守舊。

我的習慣跟你的不一樣，

相處合作就要更多體諒。

年紀愈大，要改變慣性更不容易。

但定意要改，還是可能的。

試

對抗「不可能」的一個字。
不試，又怎知不行？
但什麼都想試，就會過分。
人生，還是有所試，有所不試。
才是明智。

閱

是一種操練，就是專注用眼睛仔細察看。
最好能從小訓練孩子，讓他愛上閱讀，
觀察力強，並能一眼關七。

閱的對象中，最難的是「人」。
若想學，找那些「閱人無數」的人指點下吧。

沉

人都討厭沉，因為一沉就惹人踩。
並不好過。
但人卻會不自覺地沉醉，甚至沉迷。
正正是這時刻，若懂得讓思緒沉澱，去蕪存菁，
化成沉着，就好了！

新

人都貪新，因為心不滿足。

其實不是「新」不好，問題在那個「貪」字。

但心靈的更新，卻是天天實踐最好。

讓思念更新而變化，沒有什麼比這更好的。

在

我們總以為自己懂得，其實不然。
人在，心不在，是常態。
人在，心在，是一種刻意的鍛鍊，
也是溝通時對人的尊重。

我在，我聽，我聞……
是每天對自己的提醒。

我們常歡迎「淺」，抗拒「深」。
但沒想過，停留在「淺」，不能進就會退。
更糟的是自以為什麼都懂，輕而易舉。
其實是自欺。
久而久之，就變成「膚淺」了。

知

以為知道，就是「識」了，其實只是皮毛。
具有真知的人，多深藏。無知的，才張揚。

人之可貴在於自知，
承認所知有限，甚至無知，
才是大智的起步。

急

急得來的事辦妥，是效率。

但很多事情是急不來，特別是別人的、孩子的事。

急了就催，怎知愈催愈沒用，只有乾焦急。

事後才明白，放手自在地等，才是高招。

作

每個人都想有點「作為」，
做事也有不同作風，
要彼此要尊重。
也要懂得「作業」與「作孽」之別。
還有就是：別老「作」，會失去人家信任的。

過

人人都有，但最重要能改。只是，有過必有失，是不爭的定律。

錯過不一定是錯。

但人心更需要學習的是放過。因為懂得放過別人，就是放過自己。

贏

好難寫的一個字，更不是長有。
贏了，就當是一場遊戲，沒什麼大不了。
贏了別人，得了掌聲，
卻贏不到人家的心。有何用？
做人，最緊要是先贏自己。

境

每個人都有一種嚮往的境界，
有了這份期盼，就會盡力追求，
務求每天漸入佳境。
即或不如所盼，
就等事過境遷，來個重新開始吧。
畢竟，人生的學習是永無止境的。

等

人總以為，沒有解決方法就只有等。
經歷過的才明白，最好的解決就是等。

因為等待的，是神的工作，
要看見的，是神奇妙的作為。

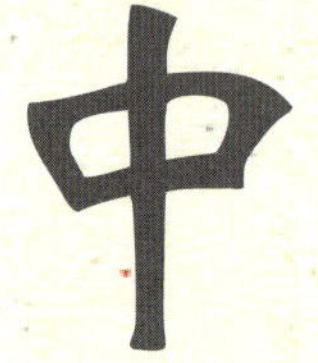

中心，乃平衡之點。
看事情要中肯，講話一語中的，
都要有磨練見識才行。

至於行事為人如何合乎中道，
合神心意，更需要一生的操練。

服

「服」字不是不懂寫，而是不想寫。

通常，順我心服我意，就是「心悅誠服」。

真正的順服不是聽話，是即使不情願也要降服。

是順從祢的意思，不是我的意思。

我，這個字變得愈大，就愈快樂不起來，甚至影響身邊人。

我，變成了中心點，更糟透！

療法只有一個：祂必興旺，我必衰微。

價

買一件物件，要衡量是否物有所值，就是價。
物件的價，可以作假。
人的價，卻不能。
因為相信，每一個人都有其價值，
都是上主用寶血買贖回來的。
問題只是：我們發現自己是這樣寶貴的嗎？

心情

彩・連結

（人情）

寬

房子寬，人人都想。空間廣了，容下的只是更多傢俱。

但心寬卻不是想就做得到。需要不停的磨練。

明白付出不求回報，對人好不求讚揚，

更難的是，如何拿捏當中的智慧與界線。

學懂了，就會發覺，

心寬是快樂的源頭。

心寬了，可以走的路也多了，闊了。

放下心中的計算機吧，胸襟氣量就會變大。

開

開，是動詞。

放開挪開攤開……是鬆懈放手的。

防禦放下，開心就來。

跟人溝通，開門見山不可少。

做事決策，開誠佈公不能缺。

碰見好友，就開懷暢談吧！

讚

人都愛被人讚賞，
只是愛批評的人多，真心讚賞的人少。
言過其實的讚賞，帶着機心的讚賞，
可免則免。

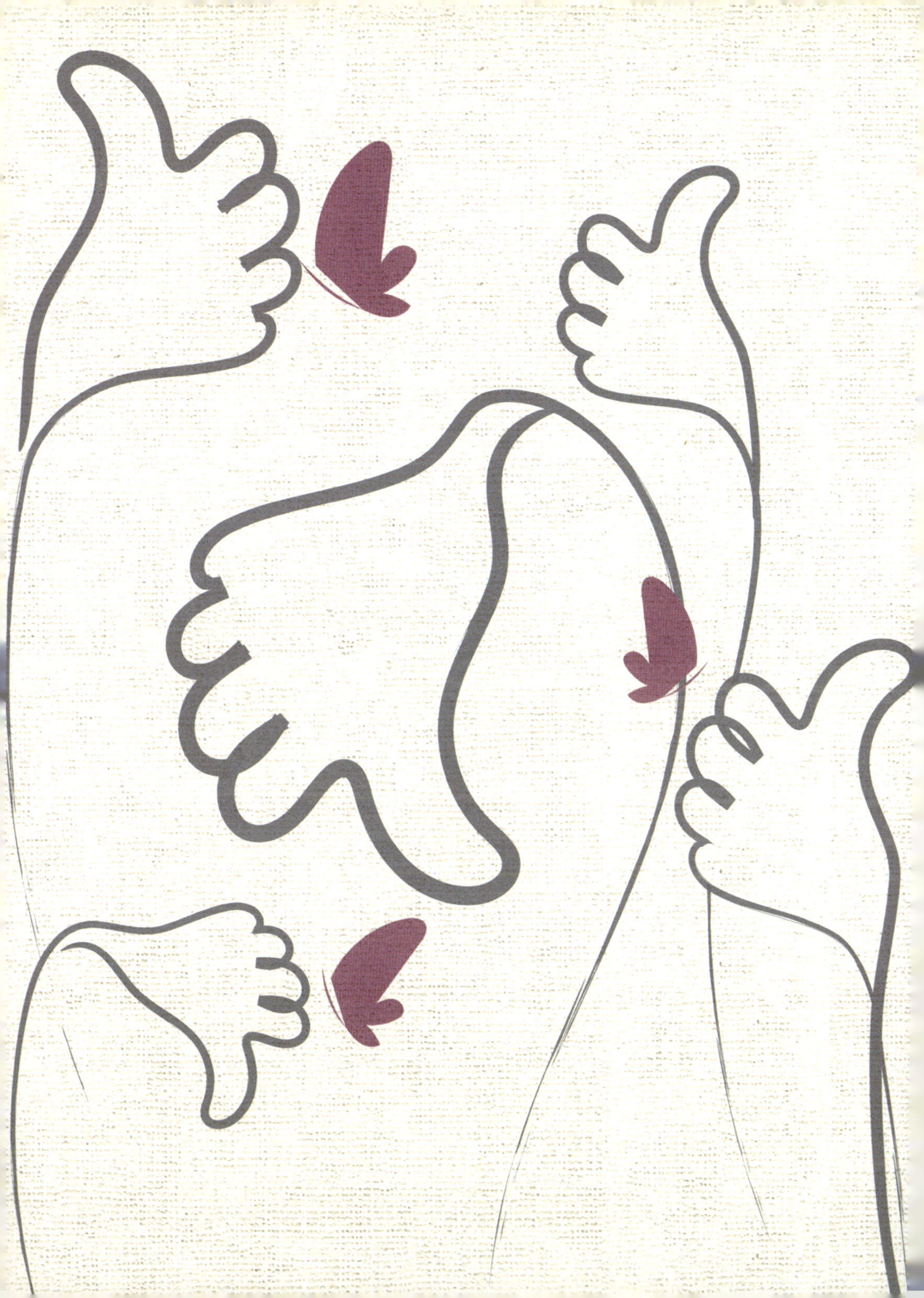

笑

笑，能打破人與人的隔膜，甚至解千愁。
但笑也能讓人憤怒羞愧，
因為恥笑嘲笑如毒鈎，會刺傷人心。

努力儲些好好笑的笑話，
逗人笑吧！自己也會開心的。

聚

年輕時，聚是大羣人，好熱鬧。
然後，明白「聚散有時」，各走各路。
中年以後，想重聚。
一大羣，三五知己，都好。
重提往事，重燃舊夢。
聚，成了「再連結」。

抵

為了「抵買」，讓人疲於奔命去「格價」。
為了「抵食」，撐破肚皮也要「吃」。
交朋友，最好是那些「抵得諗」的。

但有一種心靈毒菌，會讓人得失朋友，
心中不快，叫「唔抵得」。
要當心啊！

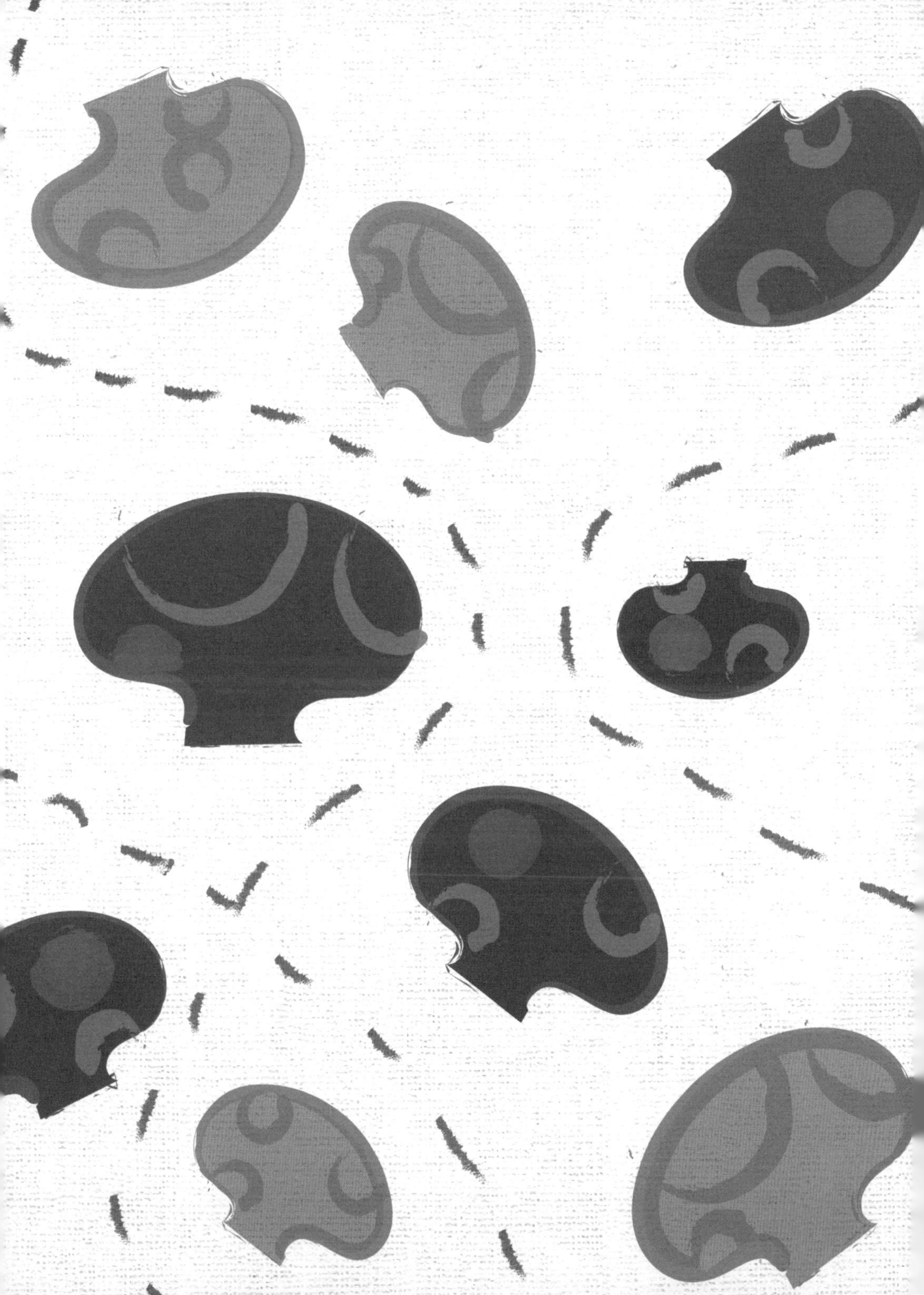

謝

得人幫忙，一定要說的字。
懂得感謝的人，身邊總有樂意助人的天使。
不懂或忘恩的，就別埋怨沒人幫忙。

「謝」這個字要說出來。
別永埋心底啊！

關

乍聽不愛，感覺封閉。日子久了，始發覺這字跟「心」相連，道出人間的需要與溫暖。

只是人都是自私的，事不「關」己，就不勞心。

倘若每個人能多走一步，就可以把這個字實踐得淋漓盡致。

我和你，就是聯合。

在羣體中，欣賞彼此的和而不同，是胸襟。

在衝突中尋求和睦，需要的是智慧洞悉與寬大為懷。

不過更重要的，是知道「和氣」與「忍氣」（吞聲），只是一字之差。

夾

兩個人走在一起，多因為夾。
一外一內，一凹一凸，夾得來。
但若個性迴異，真的「夾」不來，
就要早說早分，千萬不要勉強。

人，有可貴的一面，也有可怕的一面。
可貴的，反映出神的善良美好。
可怕的，反照出人性的醜惡可悲。
一樣米養百樣人，每個人都有不同面貌。
你我都有，美醜共存。所以不要誇口啊！

淡

人愈長大，口味愈淡，對名利要淡薄，對人際疏離遠近要看得淡如水，
淡淡的品嚐，才嚐出味道，
淡淡的培養，才出真感情。
淡淡的柔情，才能歷久彌新啊！

當第二，離「一」最近，但誰都不想。二，代表着次，想不通，就成了生命中那根「刺」。

最難得的，卻是認識了那些「二」話不說就兩脇插刀的「真」朋友。

諫

諫字出口，多是逆耳忠言。
少人愛聽，更少人會聽。
勸諫，是溫柔的。
進諫，要大着膽子的。
聽諫，需要謙卑的心。
諫友，卻是一生難求。

親

這是人心底的渴望，誰不想有人可親可靠？只是想歸想，始終需要兩廂情願，而非單方要求。而親人更指家中的人，骨肉之親。即使如此，也別要求過分，把所有擔子都放到對方身上，誰也難以承受。

更重要的，是看看自己是否可親的人？

根

樹有根，人也有。
根扎在何處，是最重要的。
扎在淺土，敵不過風雨。
唯有扎在深土，才能穩固並結果實。

人老了，
落葉歸根是人生最後一章的夢想。

一出生就接觸的地方。

無論外面風雨有多大，在家千日好，也最安全。

只是，家愈來愈失去本來面目。

唯有愛，才能讓家還原基本面貌。

歸

歸，代表着回來，也是人心靈的期盼。
希望走遠的可靠近，浪子會歸家。
做人，更要懂得自問：心歸何處？
有了答案，便知所進退。

跟

什麼都不懂，就要「跟」師傅學。
怕孤單，就要「跟」人一起。
好朋友，就是我「跟」你。

最重要是「跟」了誰。
跟風，跟大隊，小心迷失自我。
唯有跟從耶穌，一生無悔。

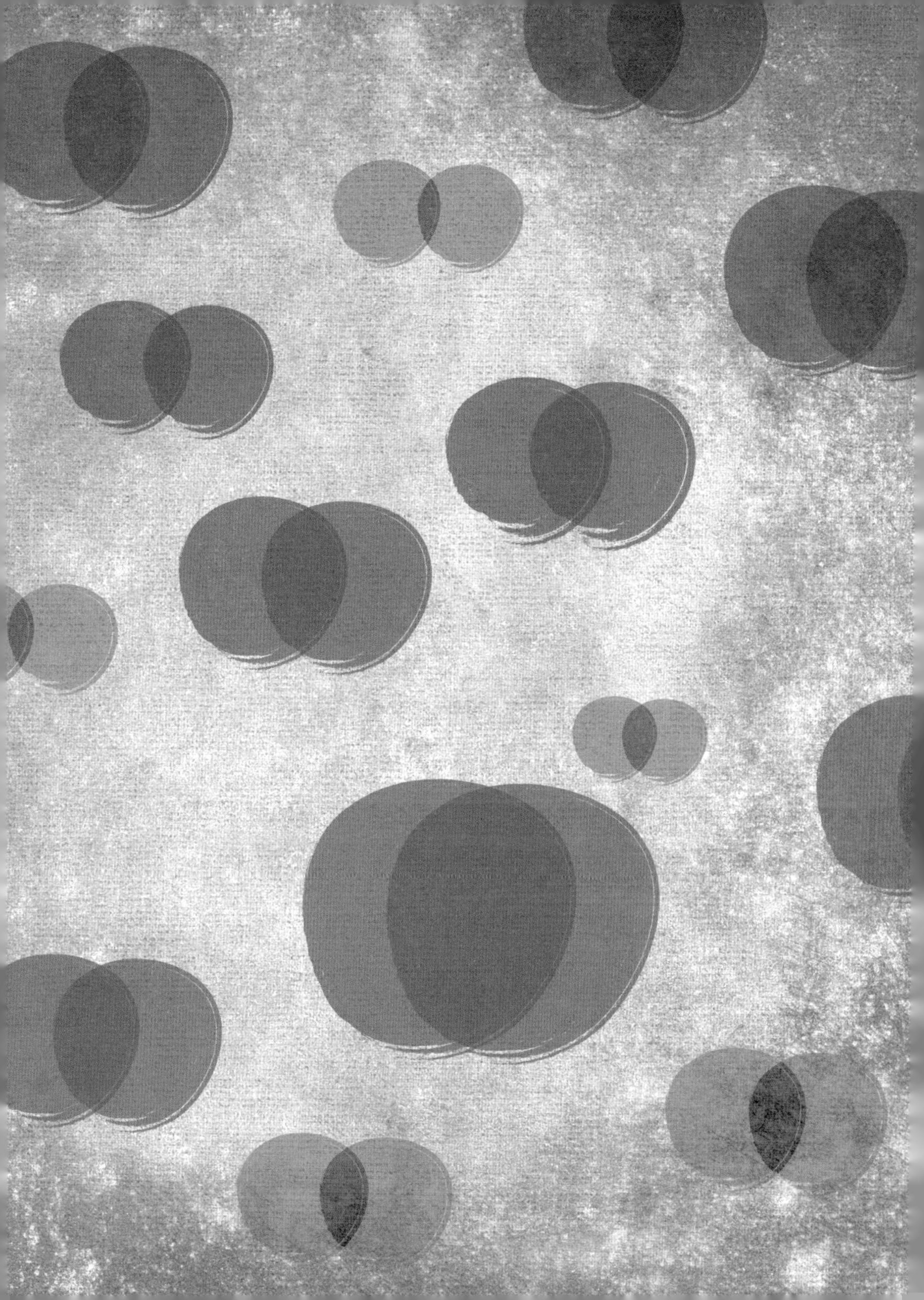

人情

淡·歇息

（閒情）

幾乎人人都掛在嘴邊的字，總覺得比別人忙是一種優勢。但通常都是因為不懂拒絕，不知目標的瞎忙。

生活太忙，就會茫然。不處理，就離盲目很近。

怎樣忙得有意義，忙裏留閒，乃日常功課。

懶

一個不討好，但忙碌當中真的好想實踐的字。人都愛用這個字評價別人是否努力，但說了出口卻發覺效果不大。

人到中年，愈覺得這個字「好」。可以讓我們吃得慢些，走路放緩腳步，反應遲鈍些，對某些人與事更要學習「懶理」的從容。

累

這是身體給我們的訊號，叫我們要休息。
累，讓人難以專心。
過累，更是傷身。

累得要死，
更要懂得暫停休養，
好好愛惜身體。

常聽孩子喊悶，就有衝動去解決他的悶。
卻不知道，抵得住悶，也是一種要培養的耐力。
悶，是否苦，因人而異。
懂得放空放下，悶就變成了一種樂趣。

即

我們常說「即刻」，許多時候變了「久久」。
現實的弔詭，讓人學懂忍耐。
即時生效最有效嗎？即時解決真能解決嗎？
很多時候，即刻未必長久，
反倒慢慢來，才能細水長流。

白

腦袋空白，乃考生的惡夢。
生活可以留白，乃城市人的福氣。
但怎樣都好，千萬要愛惜光陰，
別讓日子白過，人生白活。

下

罵人的字，跟其他字搭配成詞，
會變得更尖酸刻薄，一出口會變成挑釁，
更讓人受傷，最好少說慎講。

但跟「下」有關的日常功課卻仍不會：
那就是「下」課，「下」班，
總是「下」不了啊，怎辦？

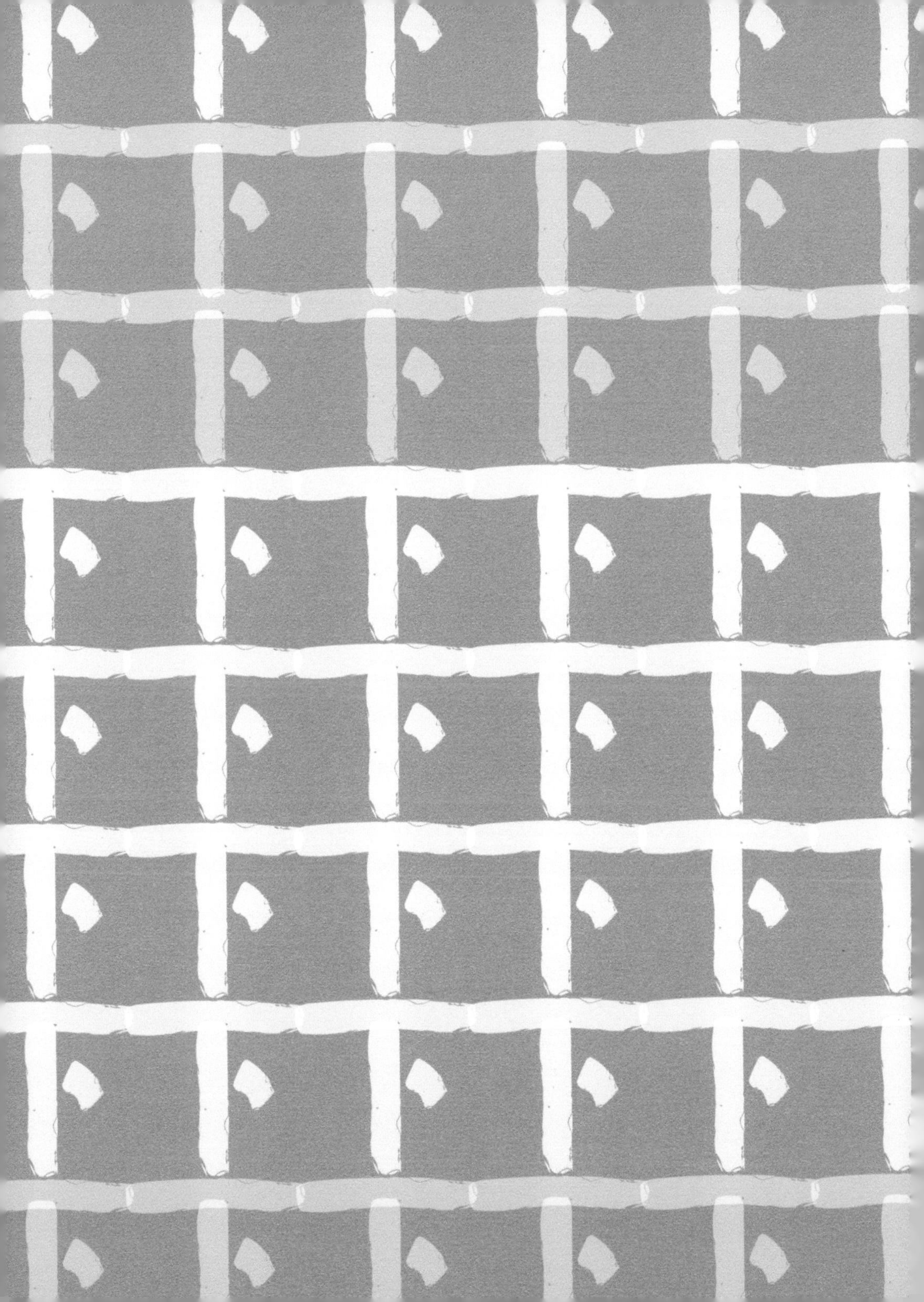

晚

是一天的結束，也是期待明天的開始。
晚上，萬籟俱寂，人心歸向反思之時。
晚年，便可成熟收割了。

何日醒覺，
懂得欣賞善用「晚」的好處，都為時未晚！

睡

少睡覺多做事（或功課）！乃年輕不躲懶之道。
能睡就多睡吧！卻是中年養生的良方。
睡眠充足才有精神（甚至心情）拚搏。
但無論怎睡，心靈都要保持清醒。
心在昏睡的話，小心一睡不起啊！

無夢，代表睡得好。
但醒了的人卻要有夢想，否則就如行屍走肉。
有了夢想，更要有行動作為。

夢想不分大小，更不用跟人比較，
「有」就夠了。

放

懂得這個動作，而不過度，就會感覺輕鬆。
特別是人生的行李愈來愈重句句時，就得學習。
還學不會的話，生命來一記重錘，就不得不放。

總以為「放」就是「失」，沒有控制主導。最終卻
明白，這是人生基本步，因為主權不在我手。

這是在追求效率洪流下，需要學習來平衡生活的。只是總學不會，至身體出事了，迫不得已才學。

慢是一種悠閒自在的姿態，不跟人爭，不怕人言。慢慢吃，慢慢走，慢慢回應……才是中年後的養生之道。

空

本來不愛這個字，但卻愈來愈喜歡。
空肚子會餓，空錢包會拮据，不錯！
但愈來愈覺得，放空掏空倒空，更是人生必須。

只是，
空空如也的房間，有的是空間，也是寂寞。

靜

易寫卻難實踐的一個字，特別是被勞碌困住的人。
只是人靜不下來，就會急躁，看不清現況。

靜，不在乎環境，而是心境。
靜，就是跟我們的心，坦誠對話。

減

人生有限，學會「減」，才會有「加」。
減些負擔，減些愁煩，
特別是開支，既減且免，就更理想。
更開心的是，有人說：你清減了！
不過最可貴的，是志氣不減。

閒

人人都享有，但不常有。即使有，也不敢說出口。別以為退休就有，隨時比上班更忙。閒情難得，閒話卻一句都嫌多。

退

年幼時最討厭，中年以後卻不得不學的一個字。

做人要求進步，但要學識做人卻要懂得退一步。

步步緊逼，讓人無法喘息，甚至失據。

唯有退得甘心漂亮，才窺見海闊天空。

簡

做人，還是簡單點快樂。

做事，求簡易。

追求簡約，明白所需所求不多，

更是一種成熟的人生取態。

化繁為簡，更是每天人生優先次序的練習。

不過這些歷練，聽來容易，

實踐起來殊不簡單。

悟

一個人覺悟醒悟了，就會有新的看見。
最怕的是執迷不悟，不聽諫言。
只是，悟是急不來的，罵更不行。
要安靜等待，
那大徹大悟的一天。

閒情

蒼·歷練

（常情）

小

人都愛做「大」事，不愛小事。
只是，人在小事上忠心，才能成就大事。
做人小心謹慎，才不致誤墮網羅。

但要謹記，「小心」跟「小心眼」
差之一字，
要懂得拿捏平衡啊。

百

完整之數，乃長命、滿分的標示。
百分百的話，更是完美。
只是世上有否很多「百分百」，
仍是個謎。

用在年歲上，就算只有半百，
也代表着某種見識。

A餐或B餐，甲或乙。
有「或」，就代表有選擇。
二選一，誰是優誰是次，心中有數。
現代人最怕，是太多「或」，反而會讓人疑惑。
不過，更需要學習的，是希望事情這樣，
即或不然，仍心中充滿感恩。

每天都做的事情，就是日常。
慣了日常，就能把事情看為平常。
滿以為日常就是按着本子做事，卻愈來愈明白，
變幻才是日常，不變才是反常。人生本是無常。

這個字總跟「老」「廢」「障」扯上關係。

其實這是人難以避免的老化過程，人最可貴之處是可以「殘而不廢」，能「老而彌堅」，就如《聖經》所說：「外體雖然毀壞，內心卻一天新似一天。」

但若不思進取，不學無術的「腦殘」，卻是比任何殘障更難搞呢！

老

人人都要面對的過程，但逃避面對的多。

老，就要退去，就要看化，就要放手，常情也。

老而身心狀況好，叫老而彌堅。

老而固執且不願改變，看人不順眼，

叫「老而不」。

催

焦急的人常出現的舉動。
總以為催促周圍的人，人家的動作就會快些。
到頭來，終於明白每個人都有自己辦事的節奏，
急不來，也催不來。特別是孩子。

但世上也有一種催促，是我們無法躲避的。
那就是：歲月，會催人老呀！

疏

技巧，不練就會生疏。
朋友，不見面就會疏遠。
用人處事，最怕親疏有別。
做事粗疏，就會容易出錯。
但因人的惰性善變自私，無法避免。
唯有從錯誤中學習改進。

任何事情加上這個字，就成了對立面。
千萬別跟出爾反爾，反覆無常的人交往，會好累！
凡事要求別人的同時，也要反躬自問反求諸己。
逢事必反的衝動行為，早晚會反悔。
年事愈長，則愈明白反璞歸真的可貴。

篩

是一種器具，把粗大的留下，細小的漏下去。
篩選，也是這種汰弱留強的意思。
人生也就是一個不斷被人篩選的過程，
但愈來愈明白，篩選走了不代表沒有前途，
只是不合人家的標準。
但最有趣的是：被人篩有時，篩人也有時。

怪

很主觀，覺得別人跟自己不一樣，
就覺得「怪」。
隨着見識廣了，開始見怪不怪。
衝動下判斷，就會錯怪。
最糟糕的是：錯怪好人。

衝

辦事要有「衝」勁，事就快成。
若漫無目的而「衝」，很容易「撞板」或盲從。
若憑己意去做，很容易變得「衝動」。
「衝」是一種姿態，但衝之前，
要看清楚前面是牆還是路啊！

快

辦事快捷，效率會好。爽快的人，人緣也佳。
但快人快語，易得罪人。
快人一步，不代表不會出錯。

以前崇尚「快」就是好。
現在卻覺得，三思而後「快」，更好。

愚

很多人覺得生來是愚，無法改變。
其實，相信這種講法才是真愚。

仍相信勤有助，
遊歷多了，增廣見識了，何愚之有？
至於愚人，偶一為之無不可。
多做的話，小心沒朋友啊！

病

在我們一股勁往前衝的時候，來一個剎車。

小病是歇，大病是停。擋不了，卻需要。

以為無病更肆無忌憚發力者，血肉之軀總有倒下的一天。

唯有頤養身心，不敢造次的，才是護身之道。

失

不想學，卻老是要學的人生功課。
更諷刺的是，滿以為學會了，又來新的一課。
而人生最有趣的數學題就是：失去，原來是得着。

差

這個字一聽就凝耳，並愛用這個字將人歸類，分等級。

但誰有權為「差別」定分界？

只是時移勢易，
昔日不願求好，覺得「差不多」就是。
現在，管他好不好，
做到「差不多」已很好！

難

小孩很怕，大人知道不可避免。
難題難解試試解，
難關難過總會過。

經歷過艱難，
就懂得多點點替人排難。

錯

錯，人人都會犯。只是多少不同。
別低估小錯，習慣了，就鑄成大錯。

錯了，就要認。
認了，就要改。
人生才會進步。

常情

暗·苦澀

（苦情）

酸

吃酸沒問題，
但酸溜溜的難以按捺，只有自己最清楚。
不過最難受的卻是，這感覺不能說沒就沒。
偏偏，嘴巴說沒，心中就「有」。
眼不見就避了「酸」，
也是無可奈何之中的辦法。

痛

人都怕痛，但逃避不了痛。
身體的痛，可以忍。
心靈的痛，最傷。久久，仍未釋懷。
只有饒恕，放下，才是最好的心藥。
還有出奇制勝的一招：長痛不如短痛。

苦

一種味道。小孩多不喜歡，有些大人卻喜歡。

也是一種感覺，自己知道就夠。

若變成液體，要向人吐苦水的話，要選合適的對象，否則人家回吐，我們未必受得了。

但苦到了盡頭，就會成甘。苦盡甘來的盼望，要堅持的。

謊

誰人無說過謊？說沒有，是騙自己。
謊言是一件不中看的外套，終有一天要脫掉。
人怎看是人家的事，主看重的是內心的誠實。
善意的謊言是否可說？也得看對方是否受落。
謊就是假話，少說為上！

蠻

心野，就會蠻。
雙手用蠻力，會弄壞東西。
嘴巴蠻不講理，會得罪人。
肆無忌憚不理他人及後果的豁出去，
不是瀟灑，而是離橫蠻不遠。

愁

跟憂是雙生體，
臉相就是愁眉苦臉。
許多人以為喝酒能消愁，
怎知舉杯消愁，愁更愁。

既是有愁，就要想辦法去解（購物只是暫時）
否則鬱在心中，會生病的。

狠

以前覺得此字無情，
現在深感乃不時之需。
特別那些欲斷難斷，藕斷絲連的關係，
更需要狠。

但有時對人太狠，就會生出恨。

弱

是形容詞，也是一個人的實況。
因為每個人都有脆弱的時刻，
身體有，心靈也有。

軟弱時，需要別人扶持。
硬裝堅強，總是不甘示弱的話，
小心變成無藥可救！

人最大的矛盾是：不想忘的忘記了；
想忘記的，卻牢牢記着。

健忘，善忘，遺忘，都是人的慣性。
活得愈久，愈難改。
不過最要命的，還是忘恩負義！

跟着「未」的字，總帶着忐忑。如未預備好，未達標，時候未到，將來未知……

只是這「未」，會帶來不確定，也帶來新的要求，新的可能。

不過最難過的是，對至親的愛有種「未」來得及的遺憾。

背

被人背棄，遭人背叛，
委屈要背負罪名，都讓人傷痕累累。

這年頭，每個人都背負很重，
是不爭的事實。
但請記得要適時卸卸，
交給天天背負我們重擔的主。

結

小時候學懂打結，長大了卻要學解結。
衣服上的結，每天練習，仍可以解。
心靈上的結，若果不解，會愈來愈糾結。
不能置諸不理。

解結仍需繫結人，找到了，靠主面對了，
結束了，心就開了。

苦情

一字・心澄
作者／羅乃萱
策劃編輯／伍詠慈
美術設計／陳詩韻
插圖／陳詩韻、譚淑美、胡凱悦、何小玲
出版發行／突破出版社
香港沙田亞公角山路 33 號突破青年村
電話：2632 0000　傳真：2632 0388
電郵：breakthrough@breakthrough.org.hk
網址：http://www.breakthrough.org.hk
http://www.btproduct.com
承印／陽光（彩美）印刷有限公司
2018 年 7 月初版 1 刷

Words for a Clean Heart
by Shirley Loo
First Printing, First Edition, July 2018

Printed in Hong Kong
ISBN 978-988-8392-83-4

本書採用環保油墨印刷